NOTICE

SUR

M. JOSEPH GARNIER

MEMBRE DE L'INSTITUT

SUIVIE DE

QUELQUES NOTES SUR LES PREMIERS REPRÉSENTANTS

DES ALPES-MARITIMES

PAR ***

(de Puget-Théniers)

DEUXIÈME ÉDITION

NICE
LIBRAIRIE S.-E. CAUVIN ET C°
1, PLACE DE LA PRÉFECTURE

JANVIER 1876

NOTICE

SUR

M. JOSEPH GARNIER

MEMBRE DE L'INSTITUT

SUIVIE DE

QUELQUES NOTES SUR LES PREMIERS REPRÉSENTANTS DES ALPES-MARITIMES

PAR ***

(de Puget-Théniers)

DEUXIÈME ÉDITION

NICE

LIBRAIRIE S.-E. CAUVIN ET Cᵉ

1, PLACE DE LA PRÉFECTURE

—

JANVIER 1876

A l'occasion des élections au Sénat, l'attention publique ayant été appelée sur diverses candidatures, nous avons cru être agréable à nos concitoyens et particulièrement à MM. les électeurs en publiant, conformément au désir d'un certain nombre d'entre eux, la présente notice sur un des hommes dont notre département peut être fier à juste titre.

En réunissant les éléments de cette biographie, nous avions d'abord recueilli quelques indications relatives à la première annexion et à l'arrondissement de Puget-Théniers; nous avons été ensuite amené à grouper des notes intéressantes sur les premiers représentants des trois arrondissements des Alpes-Maritimes.

***

NOTICE

SUR

M. JOSEPH GARNIER

M. Joseph Garnier, un des économistes les plus distingués de notre époque, est un enfant des Alpes-Maritimes. Il est né dans un des villages situés entre les sources du Var et de la Tinée, à Beuil (1), canton de Guillaumes et arrondissement de Puget-Théniers.

Ses grands-pères paternel et maternel étaient, ainsi que tous les habitants de ces localités patriarcales, de petits cultivateurs, de bons « ménagers », comme on dit dans la montagne. Son père, élève de l'abbé Cotier, dont le nom est encore vénéré, a été quarante ans percepteur, d'abord du canton de Beuil, ensuite du canton de Guillaumes; il a laissé, dans la haute vallée du Var, la réputation d'un excellent homme, éclairé, probe et serviable. Il n'eût tenu qu'à lui d'avancer dans l'administration des finances s'il

---

(1) Le 3 octobre 1813. — Beuil est une des communes les plus pittoresques de nos montagnes, connue par des pâturages qui rappellent l'Écosse. Elle faisait jadis partie des fiefs du fameux comte de Beuil, qui y avait un château. Beuil était chef-lieu de canton sous le premier Empire; mais, à cause de la difficulté des communications en hiver, les communes qui composaient ce canton furent réparties dans les mandements de Villars et de Saint-Sauveur, et Beuil est devenu, dès lors, une commune du canton de Guillaumes. Beuil est situé au pied du mont Mounier (*mons Niger*), à une altitude de 2 840 mètres, sur la petite rivière du Chans, le long de laquelle on construit un chemin d'intérêt commun.

eût voulu émigrer, grâce surtout à la protection de l'intendant Crotti, dont on se souvient avec plaisir à Nice.

Son grand-oncle maternel, M. Joseph Lombard, qui avait fait ses études et occupé divers postes sous la Révolution, fut chargé, au commencement du siècle, des fonctions de procureur impérial à Nice, fonctions d'une importance spéciale à cette époque, à cause de la bande des Barbets qui infestait nos parages. Après les événements de 1814, M. Lombard (1) étant allé habiter Draguignan, pays de Mme Lombard, son filleul, le jeune Joseph Garnier, encore enfant, devint élève du collége de cette ville, d'où il partit après avoir fait ses humanités, peu de mois avant la révolution de 1830, pour Paris, où il trouvait pour guide son cousin, M. Clément Lombard, qui obtint au concours, quelques années après, une chaire à la faculté de droit d'Aix (2).

Aîné d'une nombreuse famille, le jeune montagnard se rendait à Paris pour entrer dans une maison de commerce; mais, ayant été faire visite à M. Adolphe Blanqui, cet autre de nos compatriotes illustres, dont son père avait connu la famille à Puget-Théniers, celui-ci, alors directeur des études à l'École supérieure du commerce, fondée depuis quelques années (3), l'engagea à se donner des connaissances spéciales, et sa destinée suivit aussitôt une autre voie.

(1) Il a laissé à Nice le souvenir d'un homme intègre, d'un criminaliste habile, d'un magistrat énergique.

(2) Il est aujourd'hui magistrat honoraire. Son frère puîné, M. Antoine Lombard, capitaine de vaisseau en retraite, était naguère maire de Draguignan. Le fils aîné de ce dernier, Joseph, volontaire dans la guerre de la défense nationale, est mort en 1871, dans un des combats livrés près d'Orléans.

(3) Cette école, fondée en 1819 sous les auspices d'un conseil de perfectionnement composé de Laffitte, Ternaux, Casimir Férier, J.-B. Say, Charles Dupin, etc., s'appelait alors École spéciale du commerce. Il y a quatre ans, lors de la fondation de l'Union amicale des anciens élèves de cette École, M. Joseph Garnier en a été élu le président honoraire.

Successivement élève à la nouvelle École de commerce, secrétaire du directeur, son compatriote, professeur de plusieurs cours et directeur des études, M. Joseph Garnier a embrassé d'abord la carrière de l'enseignement commercial, puis celle de publiciste et d'économiste, dans laquelle il s'est distingué comme son premier maître (1).

Dès 1835, rédacteur scientifique au *National*, alors dirigé par le célèbre A. Carrel, puis professeur d'économie politique à l'Athénée et ensuite à l'École des ponts et chaussées (1846), il fut un des principaux fondateurs de la *Revue de la Science économique* et l'un des créateurs de la Société d'économie politique, journal et société où depuis trente-cinq ans les économistes de tous les partis se rencontrent sur le terrain neutre de la science.

A diverses époques, il a pris une part active à différents Congrès internationaux, propageant sans cesse les idées de paix internationale, de libre-échange et de saine économie sociale, toujours au premier rang parmi les adversaires du protectionnisme douanier, de la réglementation industrielle, du militarisme et du socialisme d'en haut et d'en bas (2).

(1) M. Adolphe Blanqui, mort en 1854, membre de l'Institut, avec une grande célébrité comme économiste, était né à Nice en 1798, sept ans avant son frère, M. Louis-Auguste Blanqui.— Son père, Jean-Dominique Blanqui, fut, avec Massa et Dabray, un des trois députés de notre département à la Convention et aux Cinq-Cents, et ensuite sous-préfet de Puget Théniers, depuis la création des sous-préfectures jusqu'en 1814. — Voyez aux *Notes*.

(2) Il a été, avec MM. Bastiat, Charles Coquelin, Ad. Blanqui, le duc d'Harcourt, H. Say, Léon Faucher, Michel Chevalier, etc., un des plus ardents promoteurs de la réforme douanière en France; avec MM. Cobden, Joseph Sturge, Henry Richard, etc., un des plus zélés propagateurs de la Ligue de la paix, qui s'est fondée pour combattre le droit de conquête et faire triompher les principes de non-intervention et d'arbitrage international. Il organisait en 1849, avec MM. H. Richard, Elihù Burritt, Aug. Visschers, le congrès de la salle Sainte-Cécile, à Paris, lequel eut un grand retentissement.

De bonne heure, M. Joseph Garnier était un des hommes les plus méritants aux yeux des économistes de l'Europe. Depuis, ses titres scientifiques n'ont fait que s'accroître. Il a continué à professer dans une des plus savantes écoles de France ; il dirige toujours le *Journal des Économistes*, la plus importante revue qu'il y ait en ce genre (1). Sans cesse préoccupé de la défense et de la vulgarisation des idées économiques qui sont un des premiers besoins de notre temps, il a publié des ouvrages devenus classiques, qui ont fait progresser la science sur beaucoup de points (2) et dont quelques-uns ont été traduits en plusieurs langues.

Ces ouvrages lui ouvrirent, il y a trois ans, les portes de l'Institut (3), où il a remplacé, à l'Académie des sciences morales et politiques, le baron Charles Dupin, mort presque centenaire en 1873, et qui lui a longtemps fait attendre le

(1) Revue mensuelle de la science économique et de la statistique, paraissant depuis décembre 1841, dans le format grand in-8°.

(2) « L'économie politique, a dit M. Hippolyte Passy, est aujourd'hui une science faite. M. Joseph Garnier aura beaucoup contribué à ce résultat, après J.-B. Say, par l'ordre, la méthode et les perfectionnements qu'il a introduits dans l'exposé des théories et dans les démonstrations, par la justesse de ses analyses, par la précision des termes et par le soin rigoureux qu'il a mis à s'en servir toujours dans le même sens ». (Rapport à l'Académie des Sciences morales et politiques, sur la quatrième édition du *Traité d'économie politique*.)

(3) M. Joseph Garnier a publié, entre autres ouvrages : — les *Premières Notions d'économie politique*, qui ont eu quatre éditions ; — un *Traité d'économie politique, sociale ou industrielle*, qui en a eu sept ; — un *Traité de finances*, parvenu à sa troisième édition ; — un *Traité de statistique*, réuni à un volume intitulé : *Notes et Petits Traités* (deux éditions) ; — un volume sur les questions de *Population*, contenant la discussion des théories socialistes et autres, épuisé en peu de temps ; — pour l'enseignement commercial : un *Traité d'arithmétique appliquée au commerce*, devenu classique. — Il a fourni une collaboration étendue aux deux *Dictionnaires du commerce* et au *Dictionnaire d'économie politique*. (Voyez dans le *Catalogue de la librairie française* de Lorenz et dans le *Catalogue* de la librairie Guillaumin la liste de ses autres publications.)

fauteuil pour lequel il était désigné depuis déjà bien des années. Il figurait sur une liste de la gauche lors de la nomination du Conseil d'État par l'Assemblée nationale.

Nous connaissons peu d'hommes qui, par leur caractère, leur vie laborieuse et la nature de leur savoir, soient plus dignes de représenter un département.

Bien qu'habitant Paris, il est resté des nôtres par ses rapports avec sa famille et ses amis de la montagne, par ses voyages à Nice, où son père est venu vivre après sa retraite, et où quelques-uns de nos compatriotes lui avaient proposé de fonder une École de commerce, qui fut créée par son frère, élève comme lui de l'École de Paris (1); enfin, par son patriotisme local, qu'il a vivement accusé dans diverses circonstances.

Il s'est toujours tenu au courant des affaires de notre province ou du département, et il a servi chaudement nos intérêts dans maintes circonstances. Il a été l'un des plus constants promoteurs du perfectionnement de nos voies de communication, sous le gouvernement sarde et depuis l'annexion. En relation avec plusieurs hommes importants d'Italie, avec M. de Cavour, notamment, il est plus d'une fois intervenu dans les questions qui intéressaient les provinces de Nice. Un jour, entre autres, profitant du passage du célèbre ministre à Paris, il sut le renseigner fort à propos sur l'esprit et les besoins de nos populations; il le fit en termes qui durent frapper l'homme d'État, car celui-ci, peu de temps après, se servait des mêmes arguments au sein du Parlement italien.

(1) On se souvient, à Nice, du brillant début de cet établissement, qui avait réuni, en peu de temps, plus de cent élèves. L'habile fondateur, M. J.-J. Garnier, qui avait mérité les encouragements de M. de Cavour, ainsi que l'appui de l'État et de la province, se laissant trop tôt décourager par la mésintelligence des actionnaires, donna sa démission en 1854 pour aller s'établir à Turin, et la chute de l'établissement suivit de près son départ.

*

Après l'annexion, en 1860, la candidature lui fut offerte, mais il ne voulut point entrer dans la vie politique. En février 1871, son nom s'est trouvé porté, à son insu, sur quelques listes (1). En juillet 1871, il ne s'est présenté que tardivement, au grand regret de plusieurs électeurs influents (2). A cette époque, après s'être rendu compte de la situation des esprits, il ne fit, on le remarqua, aucune démarche soit près des comités, soit dans la presse, non plus que dans les réunions électorales. Il n'en eut pas moins la plupart des voix de l'arrondissement de Puget-Théniers, où le nom de son père est resté populaire et où il a lui-même conservé de nombreux amis. Il ne s'est pas présenté en octobre 1874.

L'auteur des ouvrages que nous venons de citer, dans lesquels il a exposé et discuté, de la façon la plus simple et la plus claire, les faits, les idées ou les problèmes si complexes de la vie contemporaine, est aussi préparé que possible à la discussion des questions économiques, financières et politiques qu'auront à traiter nos futures Assemblées. Nul n'est plus capable de travailler à l'apaisement social, au remaniement des impôts, à l'amélioration de nos lois, à la réparation des maux de la guerre.

Défenseur résolu d'une politique internationale pacifique, ami de l'Italie libérale, partisan convaincu des institutions représentatives et d'une république à la fois conservatrice et progressiste, notre compatriote de l'arrondissement de Puget-Théniers est un candidat aussi modéré que ferme dans ses principes, un citoyen sympathique à tous nos sentiments et fort bien posé pour défendre à Paris les intérêts matériels et moraux des Alpes-Maritimes.

(1) *Nizza negli ultimi quattro anni*, par M. J. André (Giletta, 1875, in-12); p. 289.

(2) Sa circulaire était datée du 20 juin ; les élections eurent lieu le 2 juillet.

Mais nous ne saurions mieux exprimer son opinion qu'il ne le faisait lui-même dans la circulaire que nous venons de rappeler :

« Sans me faire illusion, disait-il, sur la vertu des mécanismes politiques, ayant avant tout confiance dans la diffusion des lumières et le progrès des mœurs civiques, je crois que, dans la situation où se trouve la France, une république de bon sens, honnête, franchement libérale et sans arrière-pensée, devenue la république de tout le monde par le vote des villes et des campagnes, peut, mieux que toute autre combinaison, maintenir la paix, conjurer le péril des agitations sociales, donner satisfaction aux partis politiques en ce qu'ils peuvent avoir de légitime, opérer progressivement des réformes rationnelles, rassurer les intérêts, produire enfin l'apaisement des esprits et l'ordre matériel, indispensables au crédit qui délivrera le sol national des soldats étrangers, et au travail qui seul peut réparer, dans la mesure du possible, les immenses désastres publics et privés que nous ont valus les fautes et les crimes du passé. »

Les soldats étrangers sont partis, Dieu merci ! mais il ne faut pas qu'ils reviennent. L'Assemblée constituante a fait ce qu'elle pouvait pour tout le reste ; on doit attendre mieux des Assemblées qui vont lui succéder.

QUELQUES NOTES

SUR LES

PREMIERS REPRÉSENTANTS DES ALPES-MARITIMES

A l'occasion des souvenirs reproduits dans la note de la page 7, le lecteur ne verra peut-être pas sans intérêt quelques renseignements relatifs à la première annexion de Nice et à nos premiers représentants.

L'annexion du comté de Nice et du duché de Savoie fut la conséquence de la guerre faite à la France par l'Autriche, qui avait pour auxiliaire le roi de Piémont, Victor-Amédée III (né en 1727), dont le gouvernement était aristocratique et militaire; cette déclaration fut faite le 20 avril 1792. Peu de mois auparavant, le 29 décembre 1791, l'Assemblée législative avait fait, au sujet de la guerre dont on la menaçait, une proclamation dans laquelle on remarquait cette phrase : « La nation française renonce à entreprendre aucune guerre dans la vue de faire des conquêtes, et n'emploie jamais ses forces contre la liberté d'aucun peuple. »

A la fin de l'été, les armées françaises eurent pris l'offensive sur la frontière. Comme la population de Nice était sympathique aux Français, le général piémontais Saint-André, bien qu'il fût à la tête d'une forte garnison (8 à 10 000 hommes), jugea à propos d'évacuer la ville sans résistance, malgré les efforts de quelques émigrés, devant un petit corps d'armée rassemblé à la hâte sous la conduite du général Anselme, que l'amiral Truguet appuyait par mer (1). En même temps, le général Montesquiou entrait en Savoie, également sans coup férir; le général Custine occupait Mayence et le Palatinat. La victoire de Jemmapes, remportée le 6 novembre par Dumouriez, délivrait les Belges du joug des Autrichiens et les populations du Rhin de celui des princes ecclésiastiques.

(1) Événements des 28, 29 et 30 septembre 1792. La République avait été proclamée le 22, à l'ouverture de la Convention.

Peu après l'entrée des Français dans le comté de Nice, le 30 septembre 1792, les Niçois, qui s'intitulèrent *colons marseillais* pour mieux affirmer la nationalité française, demandèrent l'annexion du comté à la France. La Convention reçut, dans sa séance du 28 octobre, une Adresse des « citoyens de Nice » et, le 4 novembre, une députation de Niçois habitant Paris. Barrère fit remarquer qu'il fallait attendre l'expression des vœux régulièrement formulés par les Assemblées primaires. Le 12 janvier 1793, Blanqui ayant lu ces vœux à la barre de la Convention au nom des colons marseillais, en compagnie de son co-député Veillon (1), la question fut renvoyée au Comité diplomatique. Dans la séance du 31 janvier, Lasource, de retour de Nice où il avait été envoyé en mission, se plaignit des lenteurs de ce Comité, et la Convention décida que « le ci-devant comté faisait partie intégrante de la France, ainsi que la ci-devant principauté de Monaco et le territoire de Puget-Théniers ». Dans la séance du 4 février suivant, conformément à un rapport de Carnot au nom du Comité de division, elle décréta que « le comté de Nice formerait le 85e département ». Peu de temps après, le département des Alpes-Maritimes élisait ses trois premiers représentants : Blanqui, Dabray et Massa, qui arrivaient après la mort de Louis XVI.

*
* *

BLANQUI (Jean-Dominique), né à Drap en 1759, de cultivateurs aisés, avait fait ses études au collège de la ville, où il était devenu répétiteur. Lors de l'entrée des Français, il professait à Nice et avait inspiré assez de confiance et d'estime à ses concitoyens pour être délégué par eux avec Veillon, comme il vient d'être dit, afin de demander l'annexion du comté, que la Convention ne désirait pas dans un moment aussi difficile. Après une action assez vive à Paris et à Nice, ils réussirent dans leur mission et Blanqui devint un des trois représentants des Alpes-Maritimes. A peine installé, il fut, ainsi que Massa et Dabray, au nombre des soixante-treize qui protestèrent, le 6 juin 1793, contre la proscription des Girondins dans la journée du 31 mai, et il resta, avec ses collègues, emprisonné jusqu'après le 9 thermidor (27 juillet 1794).

---

(1) Voyez le *Moniteur* et *Agrandissement de la France. La Savoie et Nice*, par N. Gallois, 1860, in-8°. Après l'entrée du général Anselme, la ville et le comté furent gouvernés par un « Directoire des colons marseillais ». Le 4 janvier 1793 fut créée une « convention nationale des colons marseillais », qui fonctionna à partir du 13 janvier, sous la présidence de Villiers, avec Bernard et Gastaud pour secrétaires. Le 17 février 1793, il fut constitué une « administration centrale » de cinq membres, et plus tard des « administrateurs du département » jusqu'à l'an VIII (1800), où les préfectures furent créées.

Il publia alors une brochure intitulée : *l'Agonie de dix mois, ou Historique*, etc., (1794, in-8°). Il ne fut réintégré dans tous ses droits que le 8 juillet 1795 ; il fut réélu au Conseil des Cinq-Cents, dont il sortit trois ans après par le tirage au sort. Plus tard, après le 18 brumaire (9 novembre 1799), qui n'eut pas son concours, il entra dans l'administration préfectorale et se contenta de la sous-préfecture de Puget-Théniers, où l'attira et le retint l'amour du pays natal et où il est resté jusqu'à la chute de l'Empire. Sous-préfet à Marmande (Lot-et-Garonne) pendant les Cent-jours, il alla ensuite habiter Aunai, dans l'Eure-et-Loir, où sa femme venait d'hériter d'une petite propriété qui servit à élever sa nombreuse famille. Il mourut pendant le choléra, à Paris, le 1er juin 1832, âgé de plus de 72 ans, chez son fils aîné, directeur de l'École de commerce.

C'était un homme de petite taille, modeste, érudit (1), peu entreprenant, mais qui s'était fait remarquer et estimer de ses collègues au sein des Assemblées dont il fit partie ; il fut chargé, en 1795, d'une mission dans les départements méridionaux pour activer la réparation des routes, des ponts et des canaux. Son administration paternelle avait laissé le meilleur souvenir à Puget-Théniers. M. Joseph Garnier, qui l'a encore connu, en parle avec émotion.

* *

Nous n'avons aucune indication sur l'origine, l'âge, les opinions et la carrière ultérieure de Veillon, délégué, avec J.-D. Blanqui, pour demander l'annexion, et dont le nom est au *Moniteur*. Joseph Roux n'en dit rien dans les notes biographiques qu'il a recueillies dans la *Statistique des Alpes-Maritimes* (2), pas plus que M. Toselli dans la *Biographie niçoise* (3).

---

(1) On trouve de lui, à la Bibliothèque nationale, outre la brochure citée ci-dessus et les *Observations* présentées par lui et Veillon sur les avantages de l'annexion (voyez plus loin) : *Lettre du citoyen Blanqui, député* (in-4°), pressante Adresse, en français et en italien, engageant « le peuple de Nice et les habitants des communes de la montagne » à voter, sans crainte, pour l'annexion : « La France, est-il dit dans cet écrit, vous offre sa haine ou son amitié ; choisissez » ; — *Compte rendu du 23 thermidor an III* (1795), relevé des dépenses de Blanqui pendant sa mission dans les dix départements, pour lesquelles il a reçu 25000 francs et dont il reverse le quart au Trésor ; — *Projet de décret pour assignats métalliques de 3 deniers à 10 sols* (ventôse an VIII, in-8°) ; — *Réflexions sur le gouvernement démocratique et les écueils qu'il y faut éviter, avec des notions sur l'aristocratie, l'ochlocratie*, etc. (sans date, in-8°). — La *Biographie niçoise* cite de lui : *In optatissima Romæ regis nativitate festivum*. Nice, Cougnet, 1811.

(2) Nice, Cauvin, 1862, 2 vol. in-8°.

(3) Nice, Société typographique, 1860, 2 vol. in-8°.

[Nous trouvons, signée de « Blanqui et Veillon, députés de Nice », une note adressée à la Convention sous ce titre : *Observations des députés de Nice sur l'existence politique à donner au pays de Nice dans la république, conséquemment à la réunion des deux peuples* (1). Ils font ressortir les avantages de l'annexion du 85e département et émettent cette idée, réalisée soixante-huit ans après, lors de la seconde annexion : qu'on pourrait détacher du département du Var, « un des plus grands de la république, le district de Grasse, qui, avec ceux de Nice, Douce-Aigue, Sospello et Saint-Étienne, faisait partie de ci-devant prétoreries. »

*
* *

Les articles qui suivent se trouvent augmentés dans cette deuxième édition, parce que nous avons voulu donner une courte biographie des représentants de l'arrondissement de Grasse et parce que nous avons été mieux renseigné sur Dabray et Massa, tant par les recherches ou les indications de M. Edmond Renaudin, attaché à la Bibliothèque nationale, que par les notes de M. le chevalier Horace Massa, ancien président du Tribunal civil de Nice, neveu du conventionnel, de M. le chevalier Dabray, ancien magistrat, également petit-neveu du conventionnel, et de M. de Mougins-Roquefort, conseiller à la Cour d'appel d'Aix, petit-fils et petit-neveu des deux constituants.

La *Biographie* Michaud contient une notice sur Blanqui, à peu près reproduite dans la *Biographie niçoise*, laquelle contient aussi des notices sur Dabray et sur Gastaud. La *Biographie* de Michaud et celle de Rabbe renferment de nombreux détails sur Isoard. Les Mougins de Roquefort ne sont mentionnés dans aucun de ces recueils.

Massa, au rebours de ses collègues totalement oubliés, est le seul mentionné dans les trois Biographies de conventionnels publiées de 1814 à 1815.

L'*Almanach national* de l'an II (1793-1794) donne le nom seul de Dabray, écrit *Dabiay*, par parenthèse; celui de l'an III (1794-1795) donne les trois noms de Dabray, Blanqui et Massa; dans l'*Almanach* des ans IV et V, ils sont aux Cinq-Cents; l'an VI (1798-1799) ne porte plus Blanqui; l'an VII ne garde que Dabray, qui se retrouve les années suivantes parmi les membres du Corps législatif.

*
* *

DABRAY (Joseph-Séraphin) était né à Nice en 1752. Après avoir pris le doctorat, il entra dans la magistrature, et il était avocat fiscal (procureur du roi) à Nice, comme son père, Pie Dabray.

Après l'entrée des Français à Nice, Séraphin Dabray prit parti pour la révolution et fut chargé par le « Directoire des colons marseillais » de faire exécuter le décret de déchéance du roi de Sardaigne. Il s'occupa des affaires du nouveau département et se présenta à la députation; il fit, à cette occasion, quatre adresses (février-mars 1793) au peuple

(1) Paris, Pain, in-12 de 8 pages, sans date, mais évidemment de la fin de 1792.

de Nice, notamment pour dissiper les craintes répandues sur le retour des Piémontais.

Élu député à la Convention, il y fut admis, le 23 mai 1793, avec Massa et, comme ce dernier et Blanqui, emprisonné bientôt après pour sa protestation contre la journée du 31 mai, puis remis en liberté ; il ne prit aucune part à la réaction thermidorienne. Il fut encore élu aux Cinq-Cents, d'où il sortit en 1797, pour y rentrer deux ans après. Membre de la réunion intermédiaire qui prépara la journée du 18 brumaire an VIII (9 nov. 1799), il figura dans la nuit de Saint-Cloud, ce qui lui valut plus tard d'être choisi pour le Corps législatif. Éliminé par le sort en 1803, il revint à Nice ; l'an d'après, il fut nommé par décret membre du Conseil municipal. En 1810, il devint juge à la Cour de la justice criminelle, et il était sur le point de devenir président, nous dit M. Roux, lorsque survinrent les événements de 1814. Il se retira alors à sa campagne de Saint-Michel, où il a vécu jusqu'au 4 août 1831.

Attaqué pour les débuts de sa vie politique, Séraphin Dabray a répondu par plusieurs brochures (1). Il avait écrit dans sa retraite un *Mémoire et Coup d'œil sur la révolution française et ses funestes résultats*, qui n'a pas été retrouvé après sa mort.

C'est son neveu, Joseph Dabray, né en 1789 et mort en 1859 à Nice, qui a donné plusieurs volumes de poésies françaises, italiennes ou niçardes.

* * *

MASSA (Ruffin), né à Menton, dans la principauté de Monaco, en 1742, avait, avant l'annexion, occupé la magistrature suprême à Monaco, où il fit imprimer en 1784 une appréciation du célèbre écrit du marquis de Beccaria *sur les Délits et les Peines* (2). Il était devenu ensuite auditeur de la *ruota criminale* à Gênes, où il publia un important ouvrage sur *les Abus des procès* (3) ; puis il avait été

---

(1) *Dabray, du Conseil des Cinq-Cents, à ses commettants* ; Paris, impr. nat., messidor an VIII, in-4° de 65 pages, avec pièces justificatives ; ce mémoire porte sur les affaires du gouvernement provisoire de Nice après l'entrée des Français, et particulièrement sur les meubles de la famille Lascaris émigrée ; — *Dabray, etc., en réponse au premier libelle du citoyen Gastaud, des Anciens* ; Paris, Baudoin, 24 fructidor an VII, 2 pages ; — *Dabray, etc., en réponse aux deux mots provisoires du citoyen Gastaud* ; Paris, 5 frimaire an VIII (1799) ; — *Dabray, des Alpes-Maritimes, à qui de droit* ; an X ; in-8° de 20 pages, relatif à sa nomination au Corps législatif.

(2) *Note critiche... dei delitti e delle pene* ; Monaco, 1784, in-8°. Le livre de Beccaria, publié à Milan en 1764, avait été traduit par Morellet dès 1766, et commenté par Voltaire et Diderot.

(3) *Abuso dei litigi*. Gênes, 1785, in-8°.

élu *supremo podesta* de la petite république de Lucques, et chargé de la rédaction du Code.

A l'époque de l'annexion, Massa, de retour de Lucques, partisan des idées nouvelles, fut envoyé à la Convention par les Alpes-Maritimes. Il signa, avec Blanqui et Dabray, la protestation des 73 contre le 31 mai, et fut avec eux incarcéré pendant treize mois. Il fut aussi élu aux Cinq-Cents et envoyé dans le département en qualité de commissaire extraordinaire. A la fondation de l'Institut, son érudition lui valut le titre de correspondant de la classe des sciences morales et politiques, dans la section de « Science sociale et Législation ».

Sous le Consulat et l'Empire, il eut une place dans la magistrature; il était président du Tribunal civil en 1814. — Rentré dans la vie privée à cette époque, Massa continua à s'occuper de questions juridiques et philosophiques; il publiait dans l'*Antologia* de Florence, en 1824, une dissertation sur la législation criminelle (1). Il mourut à Nice en 1829, à l'âge de 77 ans. Il a laissé divers manuscrits sur la simplicité des lois, l'origine des êtres, etc.

***

Gastaud (André), né à Nice en 1755, s'occupait de commerce et d'affaires avec son frère Honoré. Après l'entrée des Français, il fut membre et président de l'administration du Directoire provisoire, qui fut plus tard mis en jugement à Grasse et acquitté; de là naquirent les démêlés entre lui et Dabray. Il fit ensuite partie de la « Convention des colons marseillais », qui fonctionna en janvier 1793 et dont il fut secrétaire; ensuite, un des administrateurs du département jusqu'au 1er avril 1794, puis membre du Comité de surveillance sous les représentants du peuple, Robert et Ricord, délégués par la Convention, jusqu'au 20 novembre 1794; enfin, de décembre 1795 à avril 1798, commissaire du Directoire exécutif.

A cette époque, il fut élu au Conseil des Anciens et se lia avec Barras, qu'il avait connu à Nice; sa courte carrière parlementaire n'offre aucune particularité. On le voit, dans la séance du 29 nivôse an VII, faisant hommage du *Traité de médecine légale*, etc., de Fodéré, qui avait rempli à Nice les fonctions de professeur de physique et de chimie à l'École centrale des Alpes-Maritimes.

Il s'éleva entre lui et Dabray une violente discussion au sujet des affaires de Nice et des biens des émigrés, notamment des biens de la famille Lascaris (2).

(1) Voir l'analyse de ce travail dans la *Revue encyclopédique* de décembre 1824.

(2) Il publia à cette occasion : *Première réponse de Gastaud (des Alpes-Maritimes), membre du Conseil des Anciens, à la diatribe adressée par le ci-*

Après son retour à Nice, il reprit ses occupations commerciales. A la Restauration, il se retira à sa campagne de Sainte-Hélène, où il apprit avec joie les événements italiens de 1821. Il y mourut cette même année, le 28 novembre, à l'âge de soixante-six ans.

*
* *

L'arrondissement de Grasse avait envoyé aux États généraux les frères de Mougins-Roquefort. Il fut représenté à la Législative, à la Convention et aux Cinq-Cents par le célèbre Isnard.

*
* *

Les deux frères DE MOUGINS-ROQUEFORT, l'un magistrat, l'autre curé de Grasse, issus d'une famille ancienne et populaire en Provence, députés tous deux aux États généraux, qui devinrent l'Assemblée constituante, partageaient les mêmes sentiments politiques et montraient une intelligente aspiration vers les idées de réforme libérale et pacifique qui passionnaient cette époque.

L'aîné, A.-B.-C. de Mougins-Roquefort, né à Grasse en 1732, était curé de sa ville natale. Il fut le premier, parmi les représentants du clergé, à demander que les pouvoirs des députés fussent vérifiés en commun par les trois ordres, et non séparément, par ordre, comme le désiraient la cour, la majorité du clergé et la noblesse. Son discours, resté célèbre, est suivi, dans le procès-verbal de l'Assemblée, d'un discours prononcé par son frère, député du tiers état, exprimant les mêmes vœux. Il est mort en l'an VIII.

Son frère puîné, Jean-Joseph, né à Grasse le 1er février 1742, était avocat distingué au Parlement de Provence. Ses concitoyens l'appelèrent à Grasse, où il fut élu premier consul, ou maire, en 1786, 1787 et 1788, puis, cette même année, député à l'Assemblée des États de Provence, tenus à Aix.

L'année suivante, ses principes libéraux lui valurent d'être nommé, par le tiers état, député aux États généraux de 1789 par les trois sénéchaussées de Grasse, de Draguignan et de Castellane. Il fut élu, en 1790, secrétaire de cette Assemblée, aux travaux de laquelle il prit une part active. On trouve, dans l'ancien *Moniteur*, de nombreux discours prononcés par lui sur divers sujets d'administration et d'organisation judiciaire. Dans l'un de ces discours, il signale les « idées étran-

---

toyen *Dabray, membre du Conseil des Cinq-Cents, à ce qu'il appelle ses commettants* ; Paris, Baudoin, an VII (in-8º de 157 pages); — *Encore deux mots au citoyen Dabray* ; an VII (in-8º de 8 pages). On trouve dans ces écrits de curieux détails, quelques-uns inintelligibles aujourd'hui, sur les affaires locales du temps. Massa est aussi fort maltraité par Gastaud, en sa qualité d'ami de Dabray, se laissant diriger par lui.

ges de Robespierre », qui demandait alors l'abrogation de la peine capitale.

Il siégeait encore à la Constituante, lorsque les suffrages des électeurs l'appelèrent aux fonctions de président du Tribunal civil du district de Grasse, qui venaient d'être rendues éligibles. Sous la Terreur, il fut dénoncé aux représentants en mission, mais il triompha honorablement de ses accusateurs. On peut lire dans les Archives de la ville de Grasse une expédition de l'arrêté suivant du Comité de la Convention nationale (24 vendémiaire an III), ainsi conçu : « Le Comité, après avoir pris des renseignements sur la conduite tenue par le citoyen Mougins aux différentes époques de la Révolution, et notamment sur les principes qu'il a manifestés dans l'Assemblée constituante, où il s'est assuré qu'il avait défendu constamment avec zèle et fermeté les intérêts du peuple ; — Arrête : que ce citoyen reprendra les fonctions de président du Tribunal civil de Grasse, qu'il remplissait. »

Jean-Joseph de Mougins-Roquefort est mort en 1822.

***

Isnard (Maximin), né à Grasse, le 16 février 1751, était fils d'un riche fabricant de parfumerie dont il continua quelque temps les affaires. Ardent partisan de la révolution de 1789, il fut élu député du Var à l'Assemblée législative, qui remplaçait la Constituante (30 septembre 1791); il se fit bientôt remarquer par son éloquence toute méridionale et son enthousiasme pour la Révolution. Il se montra hostile à la cour, aux émigrés et au clergé anticonstitutionnel ; plus avancé que le parti des Girondins, il tendit plutôt à renverser la monarchie qu'à la modifier, dénonçait, le 15 mai 1792, les plans du « comité autrichien » et reprochait à Louis XVI, le 9 août, de n'aimer la constitution que dans ses discours. Au sein de la Convention, il vota la mort de Louis XVI sans appel ni sursis ; mais bientôt, effrayé de l'esprit de la commune de Paris, il se rallia tout à fait au parti girondin.

Nommé membre du Comité de défense générale (26 mars 1793), il fit adopter le décret qui l'organisa en Comité de salut public. Le 16 mai, il devenait président de la Convention ; dès le 27, il répondait aux violentes menaces d'une députation de la Commune à propos de l'arrestation d'Hébert : « Écoutez ce que je vais vous dire ! Si le fer « était porté au sein de la représentation nationale, je vous le déclare au « nom de la France entière, Paris serait anéanti ! Oui, la France tire- « rait vengeance de cet attentat, et bientôt on chercherait sur quelle « rive de la Seine Paris aurait existé. » A la séance du 2 juin, Barrère, membre du Comité de salut public, proposa comme moyen terme d'inviter les membres accusés à se suspendre de leurs fonctions. Isnard fut du petit nombre de ceux qui acceptèrent, et il échappa pour quelque temps à la proscription du 31 mai. Il n'en fut pas moins mis hors la loi le 4 octobre, mais il put se cacher jusqu'après thermidor. On trouve de curieux détails sur cette époque de sa vie dans une brochure qu'il publia sous le titre de *Proscription d'Isnard*. On y lit, page 73 : « Hélas ! j'étais bien loin de penser qu'une phrase un peu sauvage « sur Paris causerait le malheur de ma vie, et me retiendrait quinze « mois dans un souterrain, attendant d'un jour à l'autre de monter « à l'échafaud. » Il rentra dans la Convention en décembre 1794 et fut bientôt envoyé en mission dans les Bouches-du-Rhône, où il fut véhément contre les terroristes, et ne sut pas résister à l'esprit de réaction.

Élu au Conseil des Cinq-Cents, il en sortit en 1797, par le tirage au sort. Là finit, on peut le dire, sa vie publique. Ses deux derniers écrits témoignent de son adhésion à l'Empire. Sous la Restauration, la loi de proscription du 12 janvier 1816 ne l'atteignit point, parce qu'il n'avait pas occupé de fonctions publiques pendant les Cent-jours. Il mourut dans sa ville natale, en 1830.

Brillant orateur, ardent patriote, Isnard a tenu une grande place dans sa courte carrière politique. Ses discours faisaient sensation ; beaucoup de ses mouvements oratoires sont restés célèbres. Lors de la déclaration de guerre de l'Autriche à la France, lue à l'Assemblée le 20 avril 1792, il s'écria : « Prenez garde ! vous nous envoyez la guerre; « nous vous renverrons la liberté (1). »

(1) Isnard a prononcé plusieurs discours dont l'impression fut ordonnée par l'Assemblée, notamment : *Discours sur la situation* (novembre 1791) ; — *Sur les prêtres perturbateurs* (1791) ; — *Sur la nécessité de l'union* (5 janvier 1792) ; — *Sur la chose publique* (15 mai 1792) ; — *Sur la nécessité d'un pacte social* (mai 1793), dans lequel il défend la propriété ; — *Sur la situation du midi* (30 ventôse an IV), etc.

Il a publié diverses brochures: *Louis, décide-toi ; projet d'interpellation nationale à adresser au roi*; Paris, Gouriet, 1793, in-12 de 12 pages, dans lequel il gourmande le roi sur ses hésitations et lui indique ce qu'il devrait faire ; — *Proscription d'Isnard* ; Paris, Dupont, an III (1795); in-8º de 98 pages, plaidoyer adressé à la Convention après thermidor, contenant des détails curieux sur cette période tragique, et composé de plusieurs pièces: « Lettre à la Convention, lue le 24 frimaire an III, — Isnard à ses commettants, — Mémoire, — Moyens de défense, — Vie politique d'Isnard » ; il parle dans ce dernier fragment d'un écrit dirigé contre Robespierre, Hébert, etc., sous le titre de *Pacte social* (mai 1793);— *Réflexions relatives au sénatus-consulte du 28 floréal an XII*; Draguignan, 1804, in-8º de 56 pages, où il approuve le Sénat et la proclamation de l'Empire ; enfin, dans un autre ordre d'idées : *De l'immortalité de l'âme*; Paris, an X (1802), in-8º de 96 pages, réédité en 1805, avec le « *Dithyrambe sur l'immortalité de l'âme*, dont il a été fait hommage à Sa Sainteté Pie VII, par Maximin Isnard, ex-législateur, membre du collège électoral du Var »; Paris, in-8º de 76 pages.

LES PREMIERS REPRÉSENTANTS

*
* *

Sous le Consulat et l'Empire, depuis 1800, les assemblées n'eurent plus, comme on sait, aucune importance (1), et le gouvernement constitutionnel subit, pour ainsi dire, une éclipse totale jusqu'en 1814.

Pour la province de Nice (Nice et Puget-Théniers), l'éclipse se continua jusqu'en mars 1848, époque où Charles-Albert donna un statut constitutionnel.

Les députés du comté de Nice au Parlement sarde, après l'établissement du gouvernement constitutionnel, en mars 1848, ont été les suivants, sauf erreur ou omission :

Première circonscription de Nice : BUNICO, plusieurs fois élu, une des gloires du barreau de Nice, estimé pour l'élévation de son caractère; il a été vice-président de la Chambre; — DEFORESTA, avocat aussi, autre illustration de la ville ; il a été deux fois ministre ; il est mort secrétaire et premier président de la Cour d'appel de Bologne; — M. BOTTERO, docteur-médecin, élu plusieurs fois à Turin, où il réside, fondateur et directeur de la *Gazzetta del Popolo*, feuille très influente ; — le général GARIBALDI.

Deuxième circonscription de Nice : JULES AVIGDOR, banquier, fils aîné du fondateur de la maison de banque; — GALLI, avocat syndic de la ville.

Circonscription d'Utelle : ADRIEN BARRALIS, notaire et syndic de Nice ; — comte DEROSSI DI SANTA ROSA, ancien intendant à Nice, ancien secrétaire du ministre des finances ; — MONTEZEMOLO.

Circonscription de Sospello : M. ALBERTI, général du génie, président du Comité d'artillerie en Italie ; — J.-B. BARRALIS ; — PICCON, avocat.

Circonscription de Puget-Théniers : BARTHÉLEMY LEOTARDI, propriétaire au Villars ; l'abbé NIEL, du Touët (de Beuil), auteur de la *Viabilité du Var* (2), inspecteur de l'enseignement primaire après l'annexion.

Les députés des Alpes-Maritimes au Corps législatif sous le second Empire, ont été :

M. le duc DE RIVOLI (1863), petit-fils de Masséna, pour la circonscrip-

---

(1) Les 80 membres du Sénat, réduits à 60 sous l'Empire, étaient élus par le Sénat, les Consuls et l'Empereur. Les 100 membres du Tribunat, réduits à 50 en 1807, et les 300 membres du Corps législatif étaient choisis par le Sénat sur une liste de 5 000 noms, élus par 50 900 électeurs, élus à leur tour par 500 000 notables.

Il est dit plus haut que Dabray a fait partie du Corps législatif. M. l'abbé Tisserand, dans sa *Géographie des Alpes-Maritimes*, mentionne comme ayant appartenu au Sénat l'avocat Reybaud et Jean Orsier, de Gilette. Le sénateur Cassini descendait du célèbre Dominique Cassini, né à Nice en 1625.

(2) Nice, Canis, 1853, in-8° de 134 pages.

tion de Grasse et de Puget-Théniers ; — M. LUBONIS (1860), ancien procureur général près la Cour d'appel, gouverneur par intérim au moment de l'annexion, démissionnaire en 1867, — et M. MALAUSSÉNA (1868 et 1869), avocat et maire de Nice, pour celle de Nice.

En février 1871, les électeurs nommèrent MM. GARIBALDI, enfant de Nice ; — DUFRAISSE, alors préfet ; — PICCON et BERGONDI, avocats à Nice. Le premier ayant donné sa démission et M. Dufraisse ayant opté pour Paris, ils furent remplacés, en juillet, par M. le docteur MAURE, de Grasse, et M. H. LEFÈVRE, ingénieur.

Aux élections de 1874, M. Piccon, démissionnaire, et M. Bergondi, décédé, ont eu pour successeurs : M. CHIRIS, fabricant de parfumerie, à Grasse, et M. MÉDECIN, également fabricant de parfumerie, à Menton.

Paris. — Typographie A. HENNUYER, rue d'Arcet, 7.

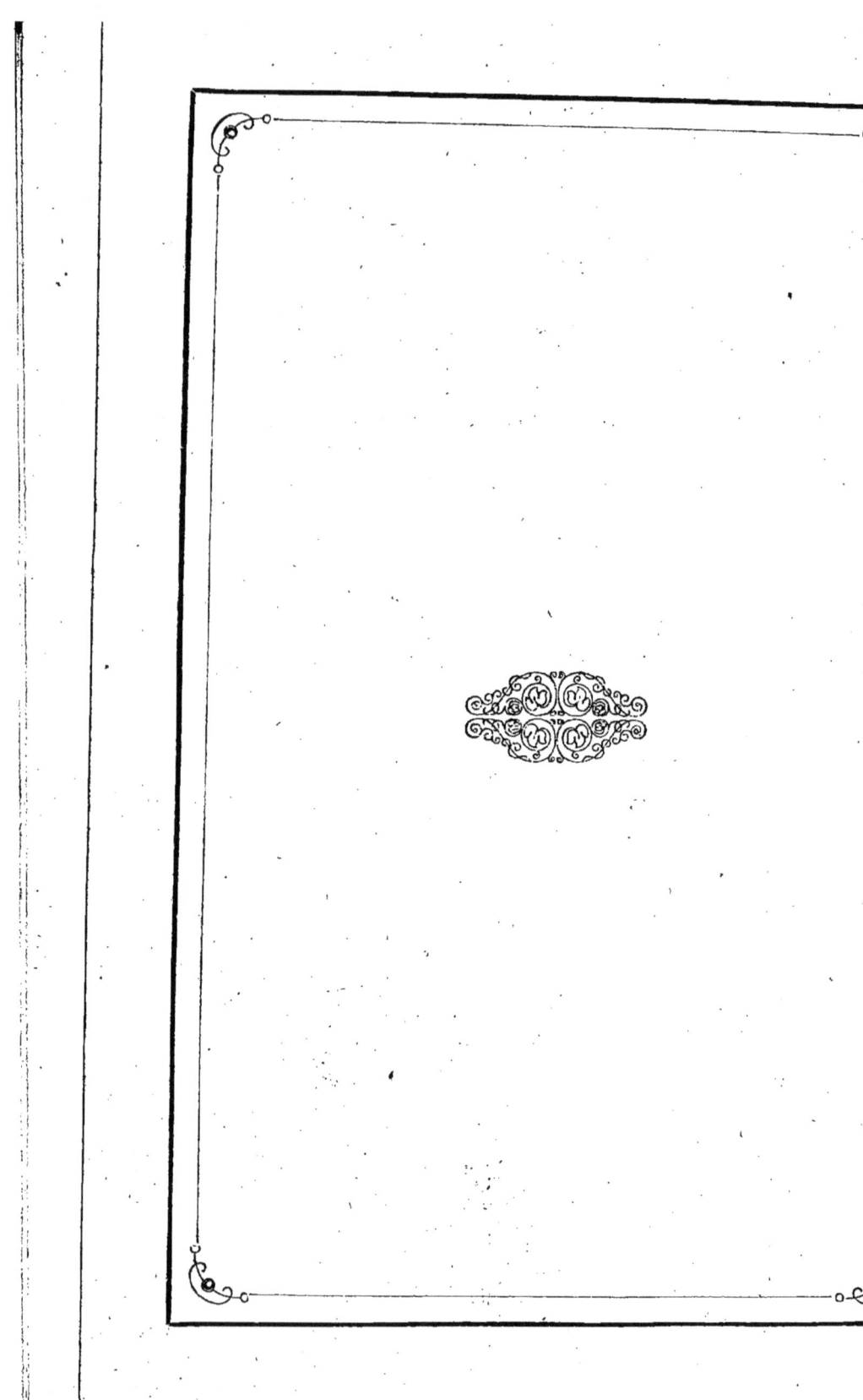

www.ingramcontent.com/pod-product-compliance
Lightning Source LLC
Chambersburg PA
CBHW060722050426
42451CB00010B/1579